MARTINA KITTLER

KOCHEN FÜR DEN VORRAT

FOTOGRAFIE: KLAUS ARRAS | AUEN60 PHOTOGRAPHIE

INHALT

Öffnen Sie die Klappen dieses Buches.
Dort finden Sie die wichtigsten Infos zum Thema auf einen Blick!

DAS PRINZIP: VORRATSHALTUNG

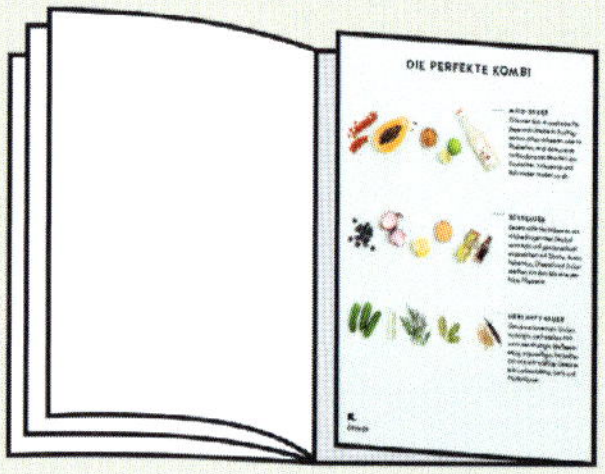

DIE PERFEKTE KOMBI

Immer griffbereit:

SO GEHT'S: MARMELADE KOCHEN

Immer griffbereit:

EINMACH-TIPPS VOM PROFI

GU CLOU

Wussten Sie schon, dass ...?
Entdecken Sie bei einigen ausgewählten Rezepten ganz besondere Tipps mit verblüffendem Insiderwissen. Aha-Momente garantiert!

Mit diesem Symbol sind alle veganen Gerichte gekennzeichnet.

Die Backzeiten können je nach Herd variieren. Unsere Temperaturangaben beziehen sich auf das Backen im Elektroherd mit Ober- und Unterhitze.

Sammeln Ihrer Lieblingsrezepte mit der »GU Kochen Plus«-App (siehe S. 64)

REZEPTKAPITEL

MARTINA KITTLER

Mir bereitet es Riesenfreude, Lebensmittel des täglichen Bedarfs selbst zu machen: Würzsaucen, Ketchup, Marmeladen, milchsaures Gemüse, Dörrobst, Knäckebrot und Co. Warum? Weil sie besser schmecken und gesünder sind! Und weil ich bestimmen kann, welche Zutaten meine Vorratsschätze enthalten.

Warum lege ich Vorräte an?

Gut bestückte Vorratsregale im Keller kommen meinem Bedürfnis nach Sicherheit entgegen: Der Anblick ist für mich ein beruhigendes Gefühl. Auch meinen Haushalt kann ich arbeitssparender organisieren. Statt zum Beispiel jedes Mal eine neue Sauce zu kochen, greife ich ins Eingemachte und rühre mal Ajvar, mal Pesto oder Senf in ein Gericht – im Alltag eine willkommene Erleichterung! Vorräte sind für mich außerdem wichtig, um Zeit und Geld zu sparen. Wenn es Obst und Gemüse im Überfluss und zum kleinen Preis gibt, nutze ich das und konserviere die Schätze des Sommers im Glas. Durch verschiedene Haltbarmach-Techniken und Anregungen aus fernen Ländern entstehen immer wieder neue, reizvolle Genüsse. Das macht Spaß und ich habe immer was Feines im Haus und zum Verschenken.

Was sind die Helferlein des Verderbs?

Häufig sind Mikroorganismen die Übeltäter: Bakterien, Viren, Hefen oder Schimmelpilze. Sie wirken selbst gesundheitsschädlich oder bilden Enzyme, die chemische Reaktionen triggern und somit den Zerfall von Lebensmitteln beschleunigen. Auch äußere Einflüsse wie Licht, Wärme, Kälte, Feuchtigkeit, Trockenheit und Verschmutzung sind am Verderb beteiligt.

Wie kann man Speisen haltbar machen?

Die verschiedenen Konservierungsmethoden haben ein Ziel: die Vermehrung der Keime zu verhindern oder sie ganz abzutöten. Ob Kälte, Hitze oder Trocknen, Zucker, Salz, Säure, Öl oder Alkohol – die Verfahren machen auf unterschiedliche Weise haltbar.

DIE SCHNELLSTE MAYO OHNE EI

250 g Seidentofu mit

... 2 EL Rapsöl,

... 2 TL Zitronensaft oder Weißweinessig

... und 2 TL scharfem Senf 1 Min. lang auf höchster Stufe cremig pürieren.

½ TL Agavendicksaft

Salz
Pfeffer

Die vegane Mayonnaise mit Agavendicksaft, Salz und Pfeffer abschmecken. Dann in ein Schraubglas füllen und verschließen. Im Kühlschrank hält sie sich 1–2 Wochen. Passt als Dip zu Grillgemüse oder Rohkost, eignet sich auch zum Verfeinern von Salaten mit Kartoffeln oder Pasta.

WÜRZMITTEL & SAUCEN

Für 2 Gläser (à 250 ml) • 30 Min. Zubereitung • 35 Min. Rösten • 45 Min. Garen • 1 Std. Abkühlen • Pro EL (20 g) ca. 25 kcal, 0 g E, 2 g F, 1 g KH

SCHARFES AJVAR

VEGAN

3 große rote Paprika (ca. 600 g)
1 Aubergine (ca. 400 g)
1 Zwiebel
1 Knoblauchzehe
2 rote Pfefferschoten (Peperoni; s. Tipp)
50 ml Olivenöl
1 EL Weißweinessig
Salz, Pfeffer

AUSSERDEM
Olivenöl zum Bestreichen

GUT ZU WISSEN
Pfefferschoten, Chilischoten … immer wieder gibt es Verwirrung wegen der Bezeichnungen. Die hier verwendeten Pfefferschoten sind mittelgroß und mittelscharf. Man bekommt sie im Supermarkt in Rot, Gelb und Grün.

1 Den Backofen auf 220° vorheizen. Paprika waschen, halbieren, weiße Trennwände und Kerne entfernen. Aubergine putzen, waschen und längs halbieren. Alle Gemüsehälften mit der runden Seite nach oben auf ein mit Backpapier belegtes Backblech legen und dünn mit Olivenöl bestreichen. Im heißen Ofen (Mitte) 30–35 Min. rösten, bis die Paprikahaut schwarz wird und Blasen wirft.

2 Das Gemüse aus dem Ofen nehmen und mit einem feuchten Küchentuch bedeckt ca. 5 Min. abkühlen lassen. Die Paprika häuten und in Stücke schneiden. Das Fruchtfleisch aus der Aubergine schaben und mit den Paprikastücken in einen hohen Rührbecher oder in den Mixer geben. Zwiebel und Knoblauch schälen, Pfefferschoten waschen, halbieren, weiße Trennwände und Kerne entfernen. Alles klein würfeln und mit dem Olivenöl zum Gemüse geben. Mit dem Pürierstab oder im Mixer fein pürieren.

3 Das Gemüsepüree mit dem Essig in einem Topf aufkochen und bei kleiner Hitze offen in 30–45 Min. zu einer dicken Paste einköcheln. Mit Salz und Pfeffer abschmecken.

4 Das Ajvar sofort in saubere, heiß ausgespülte Gläser füllen und verschließen. 10 Min. auf den Deckel stellen, umdrehen und vollständig erkalten lassen. An einem dunklen, kühlen Ort hält sich die Würzpaste 3–4 Monate. Sie schmeckt als Brotaufstrich oder Dip zu gebratenem Fleisch, eignet sich aber auch zum Würzen von Suppen und Saucen.

Für 2 Gläser (à 250 ml) • 30 Min. Zubereitung • Pro TL (8 g) ca. 2 kcal, 0 g E, 0 g F, 0 g KH

GEMÜSEBRÜHE-PASTE

EINFACH

500 g Suppengemüse (z. B. Möhren, Knollensellerie, Petersilienwurzel, Lauch)
½ Bund Petersilie
3 Liebstöckelblätter
100 g feines Meersalz

1 Das Gemüse vorbereiten. Möhren, Sellerie und Petersilienwurzel putzen, schälen und in kleine Würfel schneiden. Den Lauch putzen, längs aufschneiden, gut waschen und ebenfalls fein würfeln. Die Petersilie abbrausen und trocken schütteln, die Blätter abzupfen und hacken. Den Liebstöckel waschen, trocken tupfen und in feine Streifen schneiden.

2 Gemüse und Kräuter mit dem Meersalz in einen Mixer oder Blitzhacker geben. Erst auf kleiner Stufe, dann auf höchster Stufe zu einer fein-stückigen Paste zerkleinern.

3 Die Paste in saubere, heiß ausgespülte Gläser füllen und fest verschließen. Im Kühlschrank hält sich die Gemüsebrühe-Paste 3–4 Monate. Verwendet wird sie wie körnige Gemüsebrühe: 1 TL Paste mit 250 ml kochendem Wasser verrühren und Suppen, Eintöpfe und Gemüsegerichte damit würzen.

Für 2 Gläser (à 100 ml) • 15 Min. Zubereitung • Pro EL (20 g) ca. 95 kcal, 0 g E, 10 g F, 1 g KH

MINZE-PETERSILIEN-SALSA

SCHNELL

1½ Bund Petersilie
1 Bund Minze
1 Knoblauchzehe
1 rote Pfefferschote (Peperoni)
½ Bio-Zitrone
feines Meersalz
100 ml kalt gepresstes Olivenöl

1 Die Petersilie und die Minze waschen und trocken schütteln, die Blätter von den Stielen zupfen und grob hacken. Den Knoblauch schälen und in feine Würfel schneiden. Die Pfefferschote waschen, halbieren, weiße Trennwände und Kerne entfernen und die Schote fein hacken. Die Zitronenhälfte heiß waschen und abtrocknen, die Schale fein abreiben und den Saft auspressen.

2 Kräuter, Knoblauch, Pfefferschote, Zitronensaft und -schale in einem hohen Rührbecher mit dem Pürierstab oder im Blitzhacker fein zerkleinern.

3 Die Petersilie-Minze-Mischung salzen und in saubere, heiß ausgespülte Gläser füllen. Mit dem Olivenöl bedecken und die Gläser fest verschließen. Im Kühlschrank ist die Salsa ca. 2 Wochen haltbar. Sie passt gut zu Lamm- oder Rindfleisch, aber auch zu Fisch, Meeresfrüchten und orientalischen Gemüsegerichten.

Für 4 Flaschen (à 500 ml) • 1 Std. 15 Min. Zubereitung • 1 Std. Abkühlen •
Pro EL (20 g) ca. 15 kcal, 0 g E, 0 g f, 3 g KH

TOMATENKETCHUP

SOMMERREZEPT

2 kg reife, aromatische Tomaten
200 g getrocknete Aprikosen
4 rote Zwiebeln
1 Stück Ingwer (50 g)
3 Knoblauchzehen
2 rote Pfefferschoten (Peperoni)
4 Gewürznelken
2 TL Pimentkörner
Salz
250 ml Apfelessig
80 g brauner Zucker
Pfeffer

1 Die Tomaten waschen, vom Stielansatz befreien und in grobe Stücke schneiden. Die Aprikosen grob würfeln. Die Zwiebeln, den Ingwer und den Knoblauch schälen und fein würfeln. Die Pfefferschoten waschen und mitsamt den Kernen in feine Ringe schneiden.

2 Tomaten, Aprikosen, Zwiebeln, Ingwer, Knoblauch und Pfefferschotenringe in einen großen Topf geben. Nelken, Piment und 2 TL Salz dazugeben, alles aufkochen und offen 40–45 Min. bei kleiner Hitze köcheln lassen.

3 Die Mischung mit dem Pürierstab fein pürieren und durch ein feines Sieb oder eine Gemüsemühle (»Flotte Lotte«) streichen. Das Tomatenpüree zurück in den Topf geben. Essig und Zucker unterrühren, die Mischung erneut aufkochen und offen weitere 30 Min. unter gelegentlichem Rühren bei mittlerer Hitze kochen lassen, bis das Ketchup dickflüssig ist. Mit Salz und Pfeffer abschmecken.

4 Das Ketchup sofort heiß in saubere, heiß ausgespülte Flaschen füllen und verschließen. Abkühlen lassen. Es schmeckt am besten, wenn man es vor dem Servieren über Nacht im Kühlschrank durchziehen lässt. Im Kühlschrank hält es sich 2–3 Monate, im Tiefkühlgerät ca. 6 Monate. Passt zu kurzgebratenem Fleisch und Geflügel, Gegrilltem, Burgern und natürlich Pommes.

GU
CLOU

Das Ketchup ist eine tolle Basis für Ihre Lieblingssauce und ideal, um daraus unendlich viele Varianten zu zaubern. Die Sauce heiß teilen und jede Portion nach persönlichen Vorlieben abschmecken: mit Gewürzen wie Curry, Baharat, Chilipulver, geräuchertem Paprikapulver, Harissa oder gemahlenem Zimt.

Für 3 Gläser (à 200 ml) • 15 Min. Zubereitung • 8 Std. Ruhen • 3 Wochen Ziehen •
Pro TL (8 g) ca. 20 kcal, 1 g E, 1 g F, 1 g KH

SCHARFER HONIG-SENF

FRANZÖSISCH

200 g gelbes Senfmehl (aus Gewürzladen oder Apotheke)
200 ml Weißweinessig
100 g ml trockener Weißwein
2 EL flüssiger Honig
2 EL feines Meersalz
2 EL Olivenöl

1 Das Senfmehl mit Essig, Wein, Honig, Meersalz und Olivenöl in eine Schüssel geben und mit den Rührbesen des Handrührgeräts verrühren, bis eine breiige Konsistenz entsteht.

2 Die Senfmischung ca. 8 Std. offen stehen lassen, dabei gelegentlich durchrühren.

3 Dann die Mischung in saubere, heiß ausgespülte Gläser füllen und mit den Deckeln verschließen. Vor dem Verzehr an einem kühlen, dunklen Ort mindestens 3 Wochen durchziehen lassen, um bittere Anteile abzumildern. Der Senf hält sich 5–6 Monate. Passt in Salatdressings und Sahnesaucen, zu gekochtem Fleisch, Bockwurst und Frikadellen. Und ganz hervorragend auch zu Käse.

Für 1 Glas (250 ml) • 20 Min. Zubereitung • Pro TL (8 g) ca. 15 kcal, 0 g E, 1 g F, 1 g KH

SAHNE-MEERRETTICH

SCHARF

1 Meerrettichwurzel (ca. 200 g)
1 EL Zitronensaft
1 gehäufter TL feines Meersalz
1 TL Zucker
125 g Sahne
Pfeffer

1 Den Meerrettich putzen, schälen, waschen und auf einer Gemüsereibe reiben, dabei am besten eine Schutzmaske tragen, da zerkleinerter Meerrettich die Augen stark reizt.

2 Den geriebenen Meerrettich mit dem Zitronensaft, Meersalz, Zucker und Sahne in einen hohen Rührbecher oder Blitzhacker geben und mit dem Pürierstab oder im Blitzhacker pürieren, bis eine cremige Konsistenz entsteht. Mit Pfeffer würzen.

3 Die fertige Meerrettich-Paste in ein sauberes, heiß ausgespültes Glas abfüllen und mit dem Deckel verschließen. Im Kühlschrank aufbewahrt hält der Sahne-Meerrettich sich 1–2 Monate, tiefgekühlt bis zu 6 Monate. Er passt zu Räucherfisch, gekochtem oder gebratenem Fleisch wie Tafelspitz oder Roastbeef, außerdem als Würzzutat in Dips und Saucen.

Für 1 Glas (200 ml) • 30 Min. Zubereitung • Pro EL (20 g) ca. 25 kcal, 0 g E, 2 g F, 1 g KH

GELBE CURRYPASTE

INDISCH

3 Schalotten
3 Knoblauchzehen
1 Stück Ingwer (ca. 2 cm lang)
2 grüne Chilischoten
3 TL gemahlene Kurkuma
1 EL Tomatenmark
Salz, Pfeffer
2 EL Rapsöl
6 Kardamomkapseln
1 TL Kreuzkümmelsamen
1 TL Koriandersamen

1 Schalotten, Knoblauch und Ingwer schälen. Chilischoten waschen, längs halbieren, Trennwände und Kerne entfernen. Alle Zutaten klein schneiden. Mit Kurkuma, Tomatenmark, 2 TL Salz und 1 TL Pfeffer in den Blitzhacker geben und zu einer glatten Paste verarbeiten. Eventuell 2–3 EL Wasser untermixen. Das Öl in einer kleinen Pfanne erhitzen und die Paste darin bei mittlerer Hitze unter gelegentlichem Rühren in 5–10 Min. dicklich einköcheln lassen.

2 Inzwischen die Samen aus den Kardamomkapseln lösen, mit Kreuzkümmel und Koriander in einer Pfanne ohne Fett rösten, bis sie duften. Die Gewürze aus der Pfanne nehmen, im Mörser fein zerstoßen und unter die Currypaste rühren. In ein sauberes, heiß ausgespültes Glas füllen und verschließen. Die Paste hält sich im Kühlschrank 2–3 Monate, im Tiefkühlfach, z. B. in Eiswürfelformen eingefroren, ca. 1 Jahr. Passt zu Currygerichten und -suppen mit Kokosmilch, Linsen oder Tomaten.

Für 1 Glas (250 ml) • 20 Min. Zubereitung • Pro EL (20 g) ca. 150 kcal, 2 g E, 15 g F, 1 g KH

KORIANDER-ERDNUSS-PESTO

SCHNELL

2 Bund Koriandergrün (ca. 40 g Blätter)
1 Bund Petersilie (ca. 30 g Blätter)
1 grüne Pfefferschote (Peperoni)
1 Knoblauchzehe
1 Stück Ingwer (ca. 1,5 cm lang)
80 g geröstete Erdnusskerne (ungesalzen)
Meersalz
140 ml kalt gepresstes Sesamöl
½ Bio-Limette
Pfeffer

1 Koriandergrün und Petersilie waschen, trocken schütteln und die Blätter von den Stielen zupfen. Die Pfefferschote waschen, längs halbieren, Trennwände und Kerne entfernen und die Hälften klein schneiden. Knoblauch und Ingwer schälen und fein würfeln. Die Erdnüsse grob hacken. Alle vorbereiteten Zutaten mit 1 TL Meersalz in den Blitzhacker geben und fein zerkleinern. 120 ml Sesamöl nach und nach einlaufen lassen und kurz untermixen.

2 Die Limettenhälfte heiß waschen und abtrocknen, die Schale fein abreiben und den Saft auspressen. Limettensaft und -schale unter das Pesto rühren. Mit Meersalz und Pfeffer abschmecken. Das Pesto in ein sauberes, heiß ausgespültes Glas füllen, mit dem übrigen Sesamöl (20 ml) bedecken und mit dem Deckel verschließen. Im Kühlschrank hält es sich 2–3 Wochen. Schmeckt zu asiatischen Nudeln, als Dip zu Fisch und Geflügel, als Würzzutat in Wokgerichten, Asia-Suppen und -Salaten.

KONFITÜRE, CHUTNEY & CO.

Für 4 Gläser (à 300 ml) • 30 Min. Zubereitung • 3 Std. Ruhen • 1 Std. Abkühlen • Pro EL (20 g) ca. 40 kcal, 0 g E, 0 g F, 10 g KH

APRIKOSEN-GEWÜRZ-MARMELADE

SOMMER-REZEPT

1 kg Aprikosen
1 Bio-Zitrone
100 ml Orangensaft
500 g Gelierzucker 2:1 aus Rohrohrzucker
2 Kardamomkapseln
1 TL Pimentkörner
2 Gewürznelken
1 Stück Vanilleschote (ca. 1 cm)
½ Zimtstange

GUT ZU WISSEN
Statt mit Gelierzucker kann man die Marmelade auch mit 1½ TL Agar-Agar und 250 g Haushaltszucker zubereiten. Da sie dann aber nicht so lange haltbar ist, sollten Sie sie besser nur in kleinen Mengen kochen.

1 Die Aprikosen waschen, halbieren und entsteinen. 900 g Aprikosen abwiegen und in kleine Stücke schneiden. Die Hälfte davon in einen hohen Rührbecher geben und mit dem Pürierstab fein pürieren. Die Zitrone heiß waschen und abtrocknen, die Schale fein abreiben und den Saft auspressen.

2 Aprikosenstücke und -püree mit Zitronenschale und -saft, Orangensaft und Gelierzucker in einem großen Topf mischen.

3 Die Samen aus den Kardamomkapseln lösen, mit Piment, Nelken, Vanilleschote und Zimtstange in einem Mörser leicht zerstoßen. Die Gewürze in einen Teefilterbeutel füllen, diesen mit Küchengarn zubinden und zu den Aprikosen geben. Zugedeckt ca. 3 Std. ziehen lassen, bis sich Saft gebildet hat.

4 Anschließend die Fruchtmasse unter Rühren aufkochen und 3–4 Min. unter ständigem Rühren sprudelnd kochen lassen. Eine Gelierprobe machen. Ist die Marmelade fertig, den Gewürzbeutel entfernen und die Fruchtmasse sofort heiß in saubere, heiß ausgespülte Gläser füllen. Gleich mit dem Deckel fest verschließen und 5–10 Min. auf den Kopf stellen.

5 Die Gläser wieder umdrehen und die Marmelade vollständig erkalten lassen. An einem dunklen, kühlen Ort hält sie sich ca. 1 Jahr. Die Marmelade schmeckt wunderbar auf frischem Frühstücksbrot oder auf Brötchen.

Für 2 Gläser (à 250 ml) • 20 Min. Zubereitung • 2 Std. (oder über Nacht) Ruhen • Pro EL (20 g) ca. 45 kcal, 0 g E, 0 g F, 11 g KH

KIRSCH-CRANBERRY-AUFSTRICH

GUT VORZUBEREITEN

300 g Süßkirschen • 2 EL getrocknete Soft-Cranberrys • ½ Bio-Zitrone • 250 ml Sauerkirschsaft • 1 Pck. Gelierzucker ohne Kochen für 250 g Früchte (185 g)

1 Die Kirschen waschen, abtropfen und die Stiele abzupfen. Die Kirschen entsteinen und 250 g abwiegen. Die Cranberrys grob hacken. Die Zitronenhälfte heiß waschen, abtrocknen und die Schale abreiben. Die Kirschen mit Sauerkirschsaft und Gelierzucker in einen hohen Rührbecher geben und gut vermischen. Mit dem Pürierstab auf höchster Stufe ca. 1 Min. pürieren.

2 Cranberrys und Zitronenschale unterrühren und den Aufstrich in saubere, heiß ausgespülte Gläser füllen. Mit dem Deckel verschließen und mindestens 2 Std. oder über Nacht kalt stellen, der Aufstrich dickt noch nach. Er hält sich im Kühlschrank 2–3 Wochen. Schmeckt auf Brot und als Kuchen- oder Dessertzutat.

Für 2 Gläser (à 200 ml) • 15 Min. Zubereitung • 3 Std. (oder über Nacht) Quellen • Pro EL (20 g) ca. 30 kcal, 1 g E, 1 g F, 4 g KH

KIWI-MINZE-KONFITÜRE

VITAMINREICH

4 reife Kiwis • 4 Blätter Minze • 4 EL Rohrohrzucker • 4 EL Chia-Samen

1 Die Kiwis schälen und in Stücke schneiden. Die Minze abbrausen, trocken tupfen und in feine Streifen schneiden. Zusammen mit den Früchten und dem Zucker in einen hohen Rührbecher geben, gut vermischen und mit dem Pürierstab fein pürieren.

2 Die Chia-Samen gründlich unter das Fruchtpüree mischen und die Konfitüre in saubere, heiß ausgespülte Gläser füllen. Die Gläser mit den Deckeln verschließen und die Konfitüre mindestens 3 Std., am besten über Nacht, im Kühlschrank quellen lassen. Die rohgerührte Konfitüre hält sich im Kühlschrank 3–4 Tage. Schmeckt als Aufstrich oder Dessertzutat.

Für 2 Gläser (à 150 ml) • 15 Min. Zubereitung • 2 Std. Ruhen • Pro EL (20 g) ca. 25 kcal, 0 g E, 0 g F, 6 g KH

PFIRSICH-INGWER-KONFITÜRE

EINFACH

2 gelbfleischige, reife Pfirsiche (ca. 250 g) • 1 Stück Ingwer (ca. 1 cm) • 1 EL Zitronensaft • 2 TL Johannisbrotkernmehl (aus dem Bioladen) • 80 g fester Honig

1 Die Pfirsiche waschen, abtrocknen, halbieren, entkernen und die Hälften in kleine Würfel schneiden. Den Ingwer schälen und fein würfeln. Pfirsich- und Ingwerwürfel mit Zitronensaft und Johannisbrotkernmehl in einen hohen Rührbecher geben, gut vermischen und mit dem Pürierstab fein pürieren. Den Honig nach und nach hinzufügen und untermixen.

2 Die rohe Konfitüre in saubere, heiß ausgespülte Gläser einfüllen, mit den Deckeln verschließen und vor dem Verzehr ca. 2 Std. im Kühlschrank ruhen lassen. Sie hält sich gekühlt ca. 14 Tage. Die Konfitüre schmeckt auf Brot oder Brötchen, zu Pancakes oder Pfannkuchen.

Für 2 Gläser (à 200 ml) • 15 Min. Zubereitung • 2 Std. Ruhen • Pro EL (20 g) ca. 55 kcal, 0 g E, 1 g F, 11 g KH

ROHGERÜHRTES BROMBEERMUS

VEGAN

300 g Brombeeren • 1 EL Zitronensaft • 2 EL Ahornsirup • 1 Pck. Gelierzucker ohne Kochen für 250 g Früchte (185 g) • ½ TL Zimtpulver • 1 EL Walnusskerne

1 Brombeeren verlesen, waschen und abtropfen lassen, 250 g abwiegen. Mit Zitronensaft, Ahornsirup und Gelierzucker in einem hohen Rührbecher mischen. Mit dem Pürierstab auf höchster Stufe in ca. 1 Min. zu einer homogegen Masse pürieren. Nach Belieben durch ein feines Sieb streichen, um die Kerne zu entfernen. Zimt kurz untermixen, Walnüsse hacken und unterheben.

2 Das Brombeermus in saubere, heiß ausgespülte Gläser füllen und mit den Deckeln verschließen. Vor dem Verzehr ca. 2 Std. in den Kühlschrank stellen und dort aufbewahren. Hält sich 2–3 Wochen. Fein auf Brot oder Brötchen und zu gebackenem Ziegenkäse.

Für 5 Gläser (à 250 ml) • 40 Min. Zubereitung • 1 Std. Abkühlen •
Pro EL (20 g) ca. 30 kcal, 0 g E, 0 g F, 7 g KH

RHABARBER-PAPAYA-KONFITÜRE MIT KOKOS

EXOTISCH

1 kg Rhabarber
1 Papaya (ca. 400 g)
1 Pck. Gelierpulver 3:1
250 g Rohrohrzucker
½ Limette
200 ml Kokossirup (im Getränke-regal)

TAUSCH-TIPP
Die feine Kokosnote passt auch zu anderen Früchten, beispielsweise zu Süßkirschen oder Mango. Dann aber den Zucker um die Hälfte reduzieren oder ganz weglassen, sonst wird es zu süß!

1 Den Rhabarber putzen und waschen. Die Papaya schälen, halbieren und die Kerne entfernen. Insgesamt 1 kg Fruchtfleisch abwiegen und den Rhabarber in ca. 1 cm breite Stücke, die Papaya in kleine Würfel schneiden.

2 Das Gelierpulver und den Zucker mischen und mit den zerkleinerten Früchten in einen Topf geben. Alles unter ständigem Rühren zum Kochen bringen und ca. 3 Min. unter Rühren kochen lassen.

3 Inzwischen die Limettenhälfte auspressen und 2 EL Saft abmessen. Den Limettensaft und den Kokossirup zu der Fruchtmischung geben. Erneut aufkochen und 1 weitere Min. kochen lassen.

4 Die heiße Fruchtmischung sofort in saubere, heiß ausgespülte Gläser füllen. Mit den Deckeln verschließen und auf den Kopf stellen. 5–10 Min. stehen lassen, wieder umdrehen und auskühlen lassen. Kühl und dunkel gelagert hält sich die Konfitüre ca. 6 Monate. Schmeckt auf Toast oder Brötchen und zu Pfannkuchen.

Für 2 Gläser (à 200 ml) • 25 Min. Zubereitung • 1 Std. Abkühlen •
Pro EL (20 g) ca. 95 kcal, 1 g E, 6 g F, 10 g KH

HIMBEER-SCHOKO-AUFSTRICH

FÜR GÄSTE

200 g Himbeeren
½ Vanilleschote
50 g Zucker
50 ml Rote-Bete-Saft
200 g weiße Schokolade
70 g Butter

1 Himbeeren verlesen und abbrausen. Vanilleschote aufschneiden und das Mark herauskratzen. Zucker mit Rote-Bete-Saft, Vanilleschote und -mark in einen kleinen Topf geben und unter Rühren bei mittlerer Hitze köcheln, bis er sich aufgelöst hat. Die Himbeeren dazugeben, gut umrühren und alles bei kleiner Hitze ca. 3 Min. sanft köcheln lassen. Vom Herd nehmen und lauwarm abkühlen lassen.

2 Inzwischen die Schokolade in Stücke brechen und mit der Butter in einer hitzebeständigen Schüssel über einem heißen Wasserbad unter gelegentlichem Rühren schmelzen.

3 Die Himbeermischung durch ein feines Sieb passieren und das Püree gleichmäßig unter die Schokoladenbutter rühren. Den Aufstrich in saubere, heiß ausgespülte Gläser füllen, gut verschließen und abkühlen lassen. Gekühlt hält sich der Aufstrich ca. 2 Wochen. Schmeckt auf Brot und Brötchen sowie als Dessert- oder Eis-Zutat.

Für 2 Gläser (à 300 ml) • 30 Min. Zubereitung • 1 Std. Abkühlen •
Pro EL (20 g) ca. 35 kcal, 0 g E, 2 g F, 4 g KH

STACHELBEER-LIMETTEN-CURD

ENGLISCH

200 g grüne Stachelbeeren
3 EL Limettensaft
100 g Zucker
3 Eigelb (M)
50 g kalte Butter

1 Die Stachelbeeren putzen und waschen. Mit dem Limettensaft und 2 EL Wasser in einen Topf geben, aufkochen und zugedeckt bei mittlerer Hitze ca. 5 Min. dünsten, bis die Stachelbeeren weich sind.

2 Die Fruchtmischung im Topf pürieren und anschließend durch ein feines Sieb passieren. Mit dem Zucker und den Eigelben in eine hitzebeständige Schüssel geben und über ein köchelndes Wasserbad setzen. Unter Rühren mit dem Schneebesen erhitzen, bis der Curd andickt. Die Schüssel vom Wasserbad nehmen und die Butter in kleinen Stücken unterrühren.

3 Den Stachelbeer-Limetten-Curd auf saubere, heiß ausgespülte Gläser verteilen, verschließen und abkühlen lassen. Im Kühlschrank hält er sich ca. 2 Wochen, tiefgekühlt bis zu 3 Monate. Schmeckt als Aufstrich, Kuchenfüllung und Dessertzutat.

Für 6 Gläser (à 300 ml) • 30 Min. Zubereitung • 24 Std. Ruhen • 2 Std. 20 Min. Garen • 1 Std. Abkühlen • Pro EL (20 g) ca. 35 kcal, 0 g E, 0 g F, 8 g KH

PFLAUMENMUS

KLASSIKER

2,5 kg Pflaumen (ersatzweise Zwetschgen)
500 g Gelierzucker 2:1
1 Zimtstange
4 Gewürznelken

1 Am Vortag die Pflaumen waschen, abtropfen lassen und entsteinen. Lagenweise dicht nebeneinander in einen großen Topf mit schwerem Boden schichten, dabei jede Lage mit etwas Gelierzucker bestreuen, Zimt und Nelken hinzufügen. Den Deckel auflegen und die Früchte bei Zimmertemperatur 24 Std. durchziehen lassen.

2 Am nächsten Tag die Früchte ohne Rühren langsam zum Kochen bringen und zugedeckt bei mittlerer Hitze ca. 2 Std. kochen, auch während dieser Zeit nicht rühren. Den Deckel abnehmen und die Fruchtmischung bei mittlerer bis starker Hitze unter ständigem Rühren in 15–20 Min. sämig einkochen. Die Gewürze entfernen, das Mus sofort in saubere, heiß ausgespülte Gläser füllen, diese gut verschließen. Kopfüber 5–10 Min. stehen lassen, wieder umdrehen und abkühlen lassen. Dunkel und kühl gelagert hält sich das Pflaumenmus ca. 1 Jahr. Schmeckt als Brotaufstrich, Dessert, zu Gebäck, Dampfnudeln, Pfannkuchen und Braten.

Für 6 Gläser (à 250 ml) • 40 Min. Zubereitung • 1 Std. Abkühlen •
Pro EL (20 g) ca. 60 kcal, 0 g E, 0 g F, 14 g KH

ORANGENMARMELADE

ENGLISCH

2 mittelgroße Bio-Orangen (ca. 500 g)
4 mittelgroße Orangen (ca. 1 kg)
1 kg Gelierzucker 1:1

1 Die Bio-Orangen heiß waschen und abtrocknen, die Schale dünn abschälen und in 3–4 cm lange, sehr feine Streifen schneiden. 25 g Schalenstreifen abwiegen. Alle Orangen so schälen, dass die weiße Haut vollständig entfernt wird. Die Früchte vierteln und in sehr dünne Scheiben schneiden, den Saft dabei auffangen. 1 kg Fruchtfleisch abwiegen. Orangenscheiben und -saft sowie die Schalenstreifen mit dem Gelierzucker in einen großen Topf geben und gut vermischen. Alles unter Rühren zum Kochen bringen und bei großer Hitze mindestens 3–4 Min. unter ständigem Rühren sprudelnd kochen lassen.

2 Die Marmelade sofort randvoll in saubere, heiß ausgespülte Gläser füllen, mit Deckeln verschließen, umdrehen und ca. 5 Min. stehen lassen. Umdrehen und abkühlen lassen. Dunkel und kühl gelagert hält sich die Marmelade ca. 1 Jahr. Passt zu Frühstücksbrötchen oder Toast, ideal auch zum Kochen, Backen und für Desserts.

1

2

3

APFELMUS

GUT VORZUBEREITEN

4

5

6

Für 4 Gläser (à 500 ml) • 40 Min. Zubereitung • 40 Min. Einkochen • 1 Std. Abkühlen • Pro Glas ca. 315 kcal, 1 g E, 2 g F, 72 g KH

2 kg Äpfel (z. B. Gravensteiner)
150 g Zucker
1 Zitrone
1 Zimtstange

AUSSERDEM

1 Gemüsemühle (»Flotte Lotte«) oder 1 Haarsieb

GU CLOU

Wenig Mühe, großer Effekt: Apfelmus kocht man mitsamt Schale und Kerngehäuse. Das gibt ihm mehr Geschmack und die gewünschte Konsistenz, weil darin viele Pektine stecken, die beim Kochen freigesetzt werden und das Mus schön sämig machen.

1 Die Äpfel waschen, den Blüten- und Stielansatz entfernen. Die Äpfel mit Schale und Kerngehäuse in grobe Stücke schneiden (Bild 1).

2 Die Apfelstücke in einen großen Topf mit dickem Boden füllen und den Zucker darüberstreuen. Die Zitrone halbieren, auspressen und den Saft darüberträufeln (Bild 2). Die Zimtstange hinzufügen. Die Äpfel zugedeckt aufkochen und bei kleiner Hitze 20–25 Min. köcheln, bis sie weich sind.

3 Die Zimtstange entfernen und die Äpfel noch heiß durch ein Sieb oder eine Gemüsemühle (»Flotte Lotte«) in eine Schüssel passieren (Bild 3).

4 Das Apfelmus in saubere, heiß ausgespülte Einmachgläser bis ca. 3 cm unter den Rand füllen (Bild 4). Die Gläser mit (Schraub-)Deckel und evtl. Gummiring und Klammern verschließen und nebeneinander in einen großen Topf stellen, sie dürfen sich nicht berühren. So viel Wasser dazugießen, dass die Gläser bis zu drei Vierteln im Wasser stehen (Bild 5). Das Wasser bis kurz vor den Siedepunkt erhitzen und die Gläser zugedeckt bei 80° ca. 30 Min. sterilisieren.

5 Die Gläser ca. 10 Min. im heißen Wasser stehen lassen. Danach mithilfe einer Einmachzange vorsichtig herausnehmen und zum Abkühlen auf ein Küchentuch stellen (Bild 6).

6 Das Apfelmus auskühlen lassen, dann erst die Klammern entfernen. Das Apfelmus hält sich an einem kühlen, trockenen Ort ca. 1 Jahr. Alternativ kann man größere Mengen auch in Gefrierboxen oder -beuteln portionsweise einfrieren. Schmeckt zu Kartoffelpuffern, als Dessert oder Kuchenfüllung.

Für 2 Gläser (à 250 ml) • 20 Min. Zubereitung • 1 Std. Abkühlen •
Pro EL (20 g) ca. 20 kcal, 0 g E, 1 g F, 3 g KH

HEIDELBEER-ZWIEBEL-CHUTNEY

SOMMER-REZEPT

500 g Wald-Heidelbeeren
1 rote Zwiebel
½ Bio-Zitrone
2 EL Aceto balsamico
1 EL Olivenöl
2 EL brauner Zucker
Salz, Pfeffer

1 Heidelbeeren verlesen, waschen und trocken tupfen. Zwiebel schälen und fein würfeln. Zitrone heiß waschen, abtrocknen und die Schale fein abreiben. Saft auspressen und mit dem Essig verrühren.

2 Das Öl in einem breiten Topf erhitzen. Die Zwiebelwürfel darin ca. 3 Min. bei mittlerer Hitze dünsten. Den Zucker hinzufügen und unter Rühren erhitzen, bis er geschmolzen ist. Mit der Essig-Zitronen-Mischung ablöschen und ca. 2 Min. kochen lassen. Die Heidelbeeren dazugeben und bei kleiner Hitze unter häufigem Rühren offen ca. 10 Min. kochen lassen, falls nötig, 3–4 EL Wasser hinzufügen. Mit Salz, Pfeffer und der Zitronenschale würzen.

3 Das Chutney in saubere, heiß ausgespülte Gläser füllen. Die Gläser verschließen, umdrehen und abkühlen lassen. Das Chutney hält sich an einem dunklen und kühlen Ort gelagert ca. 2 Monate. Passt zu Käse, z. B. Ziegenkäse oder Grillfleisch.

Für 3 Gläser (à 250 ml) • 1 Std. 20 Min. Zubereitung • 1 Std. Abkühlen •
Pro EL (20 g) ca. 25 kcal, 0 g E, 0 g F, 6 g KH

MANGO-CHUTNEY

SCHARF

3 reife Mangos (ca. 1,5 kg)
1 Zwiebel
2 Knoblauchzehen
1 Stück Ingwer (ca. 3 cm)
3 rote Chilischoten
2 Limetten
75 ml Apfelessig
100 g Rohrohrzucker
Salz

1 Mangos schälen, Fruchtfleisch vom Stein schneiden und klein würfeln, 750 g abwiegen. Zwiebel, Knoblauch und Ingwer schälen und fein würfeln. Chilischoten waschen, längs halbieren, Trennwände und Kerne entfernen, die Hälften in feine Streifen schneiden. Limetten auspressen, 50 ml Saft abmessen und mit dem Essig verrühren.

2 Den Zucker in einem schweren Topf unter Rühren schmelzen lassen. Zwiebel, Knoblauch, Ingwer und Chilis hinzufügen. Sofort mit der Essigmischung ablöschen und 2–3 Min. kochen lassen. Mango dazugeben, alles aufkochen und zugedeckt bei kleiner Hitze in 45 Min. sämig einkochen. Ab und zu umrühren und eventuell nach und nach 50–100 ml Wasser dazugeben. Mit Salz abschmecken.

3 In saubere, heiß ausgespülte Gläser füllen. Verschließen, umdrehen und abkühlen lassen. Das Chutney hält sich kühl und dunkel gelagert ca. 6 Monate. Passt zu indischer Küche, Lamm und Hähnchen.

Für 4 Gläser (à 300 ml) • 35 Min. Zubereitung • 1 Std. Garen • 1 Std. Abkühlen • 24 Std. Ruhen • Pro EL (20 g) ca. 15 kcal, 0 g E, 1 g F, 2 g KH

RATATOUILLE-RELISH

FRANZÖSISCH

1 Aubergine (ca. 300 g)
2 kleine Zucchini (ca. 300 g)
2 gelbe Paprika (ersatzweise orange Paprika)
2 Knoblauchzehen
1 Zweig Rosmarin
6 Zweige Thymian
4 EL Olivenöl
100 g brauner Zucker
100 ml Aceto balsamico bianco
1 Dose stückige Tomaten (400 g)
Salz, Peffer

1 Aubergine und Zucchini putzen und waschen. Die Paprika waschen, halbieren, weiße Trennwände und Kerne entfernen. Alle Gemüse in ca. 1 cm große Würfel schneiden. Den Knoblauch schälen und fein würfeln. Rosmarin und Thymian abbrausen und trocken schütteln, die Nadeln bzw. Blättchen abzupfen und sehr fein hacken.

2 Das Öl in einem Topf erhitzen. Aubergine, Zucchini und Paprika hineingeben und bei mittlerer bis großer Hitze unter Rühren ca. 3 Min. kräftig anbraten. Knoblauch, Rosmarin und Thymian dazugeben und ca. 2 Min. mitdünsten. Zucker, Essig und die stückigen Tomaten dazugeben und gut unterrühren.

3 Die Mischung offen langsam zum Kochen bringen und bei kleiner Hitze ca. 1 Std. kochen lassen, bis das Relish sirupartig wird. Dabei ab und zu, gegen Ende der Garzeit häufiger umrühren, damit das Relish nicht anbrennt.

4 Das Relish mit Salz und Pfeffer würzen und sofort in saubere, heiß ausgespülte Gläser füllen. Diese verschließen und ca. 10 Min. auf den Deckel stellen. Die Gläser wieder umdrehen und abkühlen lassen. Bis zum Servieren mindestens 24 Std. durchziehen lassen. Im Kühlschrank hält es sich ca. 4 Wochen. Das Relish schmeckt als Brotaufstrich, zu Ofenkartoffeln und Käse, zu kaltem Fleisch oder Fisch.

GU **CLOU**

Den Sommer im Winter genießen – kein Problem, wenn man das Ratatouille-Relish im Vorrat hat! Schneller geht's nicht: Glas öffnen, Relish herauslöffeln und als würzende Zutat für Aufläufe, im Risotto, als Tarte- oder Pizzabelag, für Pastasaucen, Suppen oder Eintöpfe verwenden.

EINGELEGT & FERMENTIERT

Für 4 Gläser (à 500 ml) • 1 Std. 10 Min. Zubereitung • 24 Std. Ziehen •
Pro Glas ca. 130 kcal, 3 g E, 0 g F, 25 g KH

MIXED PICKLES

GUT VORZUBEREITEN

200 g Möhren
1 große gelbe Paprika (ca. 200 g)
½ Blumenkohl (ca. 500 g)
200 g Kirschtomaten
250 ml Weißweinessig
1 EL Pimentkörner
1 EL gelbe Senfkörner
½ TL weiße Pfefferkörner
1 Lorbeerblatt
Meersalz
75 g brauner Zucker

GUT ZU WISSEN
Für eine längere Haltbarkeit (bis zu 1 Jahr) die gefüllten Gläser nebeneinander in einen großen Topf stellen und Wasser bis ca. 2 cm unter den Rand dazugießen. Das Wasser aufkochen und die Mixed Pickles bei 90° ca. 30 Min. einkochen.

1 Die Möhren putzen, waschen und quer in ca. ½ cm dicke Scheiben schneiden. Die Paprika waschen, halbieren, weiße Trennwände und Kerne entfernen, die Hälften nochmals durchschneiden und quer in ca. 2 cm breite Streifen schneiden. Den Blumenkohl waschen, Strunk und Blätter entfernen und den Kohl in ca. 3 cm große Röschen teilen. Die Tomaten waschen und trocken tupfen.

2 Essig, Piment-, Senf- und Pfefferkörner, Lorbeerblatt, 1 TL Meersalz und den Zucker in einem Topf mit 750 ml Wasser aufkochen lassen. Blumenkohl, Paprika und Möhren im Gewürzsud getrennt nacheinander bei mittlerer Hitze je ca. 5 Min. garen. Mit einer Schaumkelle herausnehmen und abtropfen lassen. Den Sud erneut aufkochen, die Tomaten dazugeben und bei kleiner Hitze ca. 2 Min. garen, mit der Schaumkelle herausnehmen.

3 Das Gemüse in einer Schüssel vorsichtig mischen. Dann auf die sauberen, heiß ausgespülten Gläser verteilen und mit dem heißen Sud begießen, bis es ganz bedeckt ist. Die Gläser gut verschließen. An einem dunklen und kühlen Ort mindestens 24 Std. durchziehen lassen. Im Kühlschrank halten sich die Pickles ungeöffnet 2–3 Monate, geöffnet ca. 1 Woche. Passen zu einer Brotzeit mit Käse und Wurst, zu Raclette oder Braten.

Für 4 Gläser (à 500 ml) • 30 Min. Zubereitung • 24 Std. Ziehen • 1 Std. Abkühlen • 2 Wochen Ruhen • Pro Glas ca. 165 kcal, 2 g E, 1 g F, 31 g KH

EINGELEGTE GEWÜRZGURKEN

KLASSIKER

1 kg kleine Einlegegurken
50 g feines Meersalz
4 Stängel Dill
4 Dillblüten (nach Belieben)
8 Blätter von Schwarzen Johannisbeeren (nach Belieben)
500 ml Weißweinessig
1 EL gelbe Senfkörner
½ TL schwarze Pfefferkörner
2 Lorbeerblätter
100 g Zucker

1 Am Vortag die Gurken waschen, abtrocknen und die Stielenden entfernen. 1,5 l Wasser mit dem Meersalz verrühren. Die Gurken in einer Schüssel mit der Lake übergießen und an einem kühlen Ort 24 Std. ziehen lassen. Am nächsten Tag in ein Sieb abgießen, gründlich kalt abbrausen und abtropfen lassen. Dill und (nach Belieben) Dillblüten abbrausen und grob zerzupfen. Johannisbeerblätter (nach Belieben) waschen.

2 Gurken, Dill, Dillblüten und Johannisbeerblätter in saubere, heiß ausgespülte Einmachgläser füllen. Den Essig mit 500 ml Wasser, Senf- und Pfefferkörnern, Lorbeerblättern und Zucker in einem Topf aufkochen. 2–3 Min. offen köcheln, etwas abkühlen lassen und über die Gurken gießen. Die Gläser verschließen und abkühlen lassen. Vor dem Öffnen 14 Tage an einem kühlen Ort ziehen lassen. Die Gurken halten sich dunkel und kühl aufbewahrt ca. 6 Monate. Passen zur Brotzeit, in Salate und Saucen, zu Labskaus und Filet Stroganoff.

Für 2 Gläser (à 500 ml) • 20 Min. Zubereitung • 20 Min. Abkühlen • 2 Tage Ruhen • Pro Glas ca. 180 kcal, 3 g E, 1 g F, 37 g KH

ERDBEER-PICKLES

WÜRZIG

200 ml Himbeeressig
40 g Rohrohrzucker
2 TL feines Meersalz
1 TL bunte Pfefferkörner
½ TL Koriandersamen
2 Lorbeerblätter
500 g Erdbeeren

1 Den Essig mit 200 ml Wasser, Zucker und Meersalz in einen Topf geben. Pfefferkörner, Koriandersamen und Lorbeerblätter dazugeben. Den Sud aufkochen und bei kleiner Hitze ca. 2 Min. köcheln lassen, bis sich der Zucker aufgelöst hat. Den Sud vom Herd nehmen und 20 Min. abkühlen lassen.

2 Inzwischen die Erdbeeren kalt abbrausen und gut abtropfen lassen. Von den Stielen und Blättern befreien und je nach Größe halbieren oder vierteln.

3 Die Erdbeeren in saubere, heiß ausgespülte Gläser füllen und so viel abgekühlten Sud darübergießen, dass die Früchte vollständig bedeckt sind. Die Gläser gut verschließen und die Pickles vor dem Verzehr 1–2 Tage im Kühlschrank ziehen lassen. Nach dem Öffnen innerhalb von 2 Wochen aufbrauchen. Erdbeer-Pickles schmecken im Salat oder mit Ricotta oder Quark auf dem Brot.

Für 2 Gläser (à 200 ml) • 30 Min. Zubereitung • 1 Std. Abkühlen •
Pro Glas ca. 200 kcal, 3 g E, 2 g F, 41 g KH

SÜSSSAURE RADIESCHEN

EINFACH

2 Bund Radieschen
2 TL gelbe Senfkörner
100 ml Aceto balsamico bianco
50 g Zucker
1 EL Ahornsirup
1 TL feines Meersalz

1 Die Radieschen putzen, waschen und 300 g abwiegen. Die Radieschen auf der Gemüsereibe in 2–3 mm dicke Scheiben hobeln oder mit einem Messer schneiden. Die Radieschenscheiben in einer Schüssel mit den Senfkörnern vermengen, dann in heiß ausgespülte Gläser füllen und gut hineindrücken.

2 Den Essig, 50 ml Wasser, Zucker, Ahornsirup und Meersalz in einem Topf mischen und unter Rühren zum Kochen bringen, bis sich der Zucker aufgelöst hat. Den Sud heiß über die Radieschen gießen, sie sollen vollständig bedeckt sein. Die Gläser sofort fest verschließen und die Radieschen auskühlen lassen.

3 Im Kühlschrank gelagert, sind die Radieschen ca. 2 Monate haltbar. Sie passen hervorragend zu einer deftigen Brotzeit oder als Beilage zum Grillen.

Für 4 Gläser (à 500 ml) • 45 Min. Zubereitung • 40 Min. Einkochen • 1 Std. Abkühlen •
Pro Glas ca. 145 kcal, 6 g E, 0 g F, 26 g KH

MEERRETTICH-BOHNEN

KLASSIKER

1 kg grüne Bohnen
Salz
1 Stück Meerrettichwurzel (ca. 5 cm)
4 Stängel Bohnenkraut
2 TL weiße Pfefferkörner
200 ml Weißweinessig
50 g Zucker
3 TL feines Meersalz

1 Bohnen putzen, waschen und in reichlich kochendem Salzwasser ca. 8 Min. blanchieren, in ein Sieb abgießen, kalt abschrecken und gut abtropfen lassen. Inzwischen Meerrettich schälen und klein würfeln, Bohnenkraut abbrausen. Die Bohnen mit Meerrettich, Pfeffer und je 1 Stängel Bohnenkraut in heiß ausgespülte Gläser geben.

2 Den Essig mit 500 ml Wasser, Zucker und Meersalz in einem Topf zum Kochen bringen. Den heißen Sud über die Bohnen gießen und die Gläser verschließen. Den Backofen auf 90° vorheizen.

3 Die Gläser in eine Fettpfanne stellen und so viel Wasser angießen, dass sie bis zu drei Vierteln im Wasser stehen. Im Ofen ca. 30 Min. einkochen, dann ca. 10 Min. im abgeschalteten Ofen stehen lassen. Herausnehmen und auf dem Kopf stehend auskühlen lassen. Kühl und dunkel gelagert halten sich die Bohnen 3–4 Monate. Fein in Salaten, Gemüsegerichten, Suppen und Eintöpfen.

1

2

3

KIMCHI

KOREANISCH

4

5

6

Für 2 große Gläser (à 750 ml) • 40 Min. Zubereitung • 2 Std. Marinieren • 7 Tage Ruhen • Pro Glas ca. 120 kcal, 7 g E, 1 g F, 20 g KH

1 Chinakohl (ca. 800 g)
80 g feines Meersalz
400 g Rettich
2 Frühlingszwiebeln
2 Knoblauchzehen
1 Stück Ingwer (ca. 2 cm)
2 EL Chiliflocken
4 EL Fischsauce (aus dem Asienregal)
1 EL Rohrohrzucker

AUSSERDEM
Glasmurmeln zum Beschweren

GU CLOU

Kimchi, das koreanische Nationalgericht, ist eine beliebte Beilage zu Fleisch, Fisch oder Tofu und supergesund. Die darin enthaltenen, Milchsäureproduzierenden Bakterien unterstützen die nützlichen Mikroorganismen im Darm und lassen die »schlechten« verhungern. Das regt die Verdauung an und wirkt sich positiv auf das Immunsystem und unser Wohlbefinden aus.

VORBEREITEN Den Chinakohl putzen, waschen, längs vierteln und den Strunk keilförmig herausschneiden. Die Viertel in ca. 2 cm breite Streifen schneiden und in eine große Schüssel schichten, dabei jede Lage mit Meersalz bestreuen (Bild 1). Bei Zimmertemperatur ca. 2 Std. ziehen lassen und währenddessen alle 30 Min. wenden.

WÜRZPASTE Rettich putzen, schälen und in feine Stifte schneiden. Frühlingszwiebeln putzen, waschen, längs vierteln und schräg in ca. 3 cm breite Stücke schneiden. Knoblauch und Ingwer schälen und fein würfeln. Die vorbereiteten Zutaten in einer Schüssel mit Chiliflocken, Fischsauce und Zucker gründlich vermischen, dabei immer wieder fest mit der Hand (Einweghandschuhe tragen!) zusammendrücken (Bild 2), damit das Gemüse weich wird. Die Masse sollte dunkelrot sein.

WASCHEN Den Kohl in ein Sieb geben und abtropfen lassen, die Salzlake auffangen. Den Kohl kalt abbrausen, abtropfen lassen und in kaltem Wasser ca. 5 Min. wässern (Bild 3), um das Salz zu entfernen. Dann gut abtropfen lassen.

EINFÜLLEN Den Kohl mit der Würzpaste gründlich vermischen (Bild 4) und in saubere, heiß ausgespülte Gläser füllen, dabei mit einem Stößel festdrücken (Bild 5). Je 2 EL Salzlake darüberträufeln und das Gemüse mit in Frischhaltefolie gewickelten Glasmurmeln beschweren. Die Gläser gut verschließen und bei Zimmertemperatur (ca. 20°) 24 Std. stehen lassen. Dann beginnt die Milchsäurefermentation, erkennbar an kleinen Bläschen auf der Oberfläche (Bild 6). Das Kimchi noch 6 Tage im Kühlschrank ruhen lassen, bis es den gewünschten Geschmack hat. Im Kühlschrank aufbewahrt, hält es sich sich 2–3 Monate. Schmeckt mit geröstetem Sesam bestreut oder ein paar Tropfen geröstetem Sesamöl beträufelt zu Reis.

Für 2 Gläser (à 500 ml) • 30 Min. Zubereitung • 8 Std. (über Nacht) Marinieren • 3 Wochen Ruhen • Pro Glas ca. 100 kcal, 4 g E, 1 g F, 19 g KH

FERMENTIERTE CHILI-MÖHREN

VOLLWERT

750 g Möhren (z. B. je 250 g gelbe, orange und violette Möhren)
1 Stück Ingwer (ca. 2,5 cm)
2 kleine rote Chilischoten
35 g feines Meersalz
1 kleine Orange

AUSSERDEM
Glasmurmeln zum Beschweren

1 Am Vortag die Möhren putzen, schälen und in ca. 2 mm dünne Scheiben hobeln. Ingwer schälen und in sehr dünne Scheiben hobeln. Chilischoten waschen und halbieren, weiße Trennwände und Kerne entfernen und die Hälften quer in ca. 1 cm große Stücke schneiden. Möhren, Ingwer und Chili in einer großen Schüssel mit 15 g Meersalz mischen und 8 Std. (über Nacht) kalt stellen.

2 Am nächsten Tag die Orange auspressen, Saft mit 500 ml Wasser erwärmen (nicht kochen!) und übriges Meersalz (20 g) darin auflösen. Möhrenmischung samt Saft in saubere, heiß ausgespülte Gläser füllen und mit den Händen hineinpressen. Mit Salzlake bedecken und mit in Frischhaltefolie gewickelten Glasmurmeln beschweren. Gläser verschließen und an einem dunklen Ort bei Zimmertemperatur (ca. 20°) 1–3 Wochen lagern, bis das Gemüse den gewünschten säuerlichen Geschmack hat. Ungeöffnet im Kühlschrank aufbewahrt, halten die Möhren ca. 6 Monate. Sie schmecken im Salat oder zu Fleisch.

Für 2 Gläser (à 750 ml) • 30 Min. Zubereitung • 8 Std. (über Nacht) Marinieren • 3 Wochen Ruhen • Pro Glas ca. 165 kcal, 6 g E, 1 g F, 31 g KH

MILCHSAURE ROTE BETE

GUT VORZUBEREITEN

750 g kleine Rote Beten
1 säuerlicher Apfel (z. B. Elstar)
2 frische Lorbeerblätter (ersatzweise 2 getrocknete)
40 g feines Meersalz

AUSSERDEM
Glasmurmeln zum Beschweren

1 Am Vortag die Roten Beten putzen, schälen und in 1–2 mm feine Scheiben hobeln. Den Apfel vierteln, schälen, entkernen und quer in dünne Scheiben schneiden. Die Lorbeerblätter abbrausen. Alles in einer großen Schüssel mit 20 g Meersalz gut mischen und abgedeckt 8 Std. (über Nacht) kalt stellen.

2 Am nächsten Tag 300 ml Wasser erwärmen (nicht kochen!) und übriges Meersalz (20 g) darin auflösen. Rote Bete und Apfel mit dem ausgetretenen Saft in saubere, heiß ausgespülte Gläser geben und hineinpressen. Mit Salzlake bis ca. 3 cm unter den Glasrand auffüllen (restliche Lake entsorgen) und mit in Frischhaltefolie gewickelten Glasmurmeln beschweren. Gläser verschließen und an einem dunklen Ort bei Zimmertemperatur lagern. Nach 2–3 Tagen beginnt die Fermentation. Die Gläser 2–3 Wochen stehen lassen, bis das Gemüse den gewünschten Geschmack hat. Im Kühlschrank aufbewahren. Hält sich ca. 6 Monate. Schmeckt im Salat, zu Fisch oder Fleisch.

Für 2 Gläser (à 250 ml) • 15 Min. Zubereitung • 24 Std. Ruhen •
Pro Glas ca. 960 kcal, 27 g E, 92 g F, 5 g KH

MOZZARELLA IN THYMIAN-ÖL

SCHNELL

400 g Mini-Mozzarellakugeln (z. B. Büffelmozzarella)
2 Knoblauchzehen
8 Zweige Thymian
3 getrocknete Soft-Tomaten
1 Bio-Zitrone
2 TL schwarze Pfefferkörner
150 ml kalt gepresstes Olivenöl

1 Mozzarella abtropfen lassen. Knoblauch schälen und halbieren. Thymian abbrausen, trocken tupfen und die Blättchen abstreifen. Die getrockneten Tomaten klein würfeln. Zitrone heiß waschen, abtrocknen und die Schale mit einem Zestenschneider in feinen Streifen abziehen. Die Zitrone halbieren und den Saft auspressen.

2 Mozzarella, Knoblauch, Thymian, Tomaten, Pfefferkörner und Zitronenschale auf saubere, heiß ausgespülte Gläser verteilen. Mit dem Zitronensaft beträufeln und mit dem Öl auffüllen, bis alle Zutaten bedeckt sind. Die Gläser verschließen und den Mozzarella an einem kühlen Ort mindestens 24 Std. durchziehen lassen.

3 Im Kühlschrank hält sich der eingelegte Mozzarella 1–2 Wochen. Passt zu Tomaten und Basilikum, in den Blattsalat, zu Nudeln oder auf den Antipasti-Teller. Übriges Öl aus den Gläsern für eine Salatsauce verwenden.

Für 4 Gläser (à 250 ml) • 45 Min. Zubereitung • 2 Tage Ruhen • Pro Glas ca. 725 kcal, 4 g E, 76 g F, 4 g KH

PILZE IN BALSAMICO-SUD

ITALIENISCH

750 g gemischte Pilze (z. B. kleine Champignons, Kräuterseitlinge, Pfifferlinge)
2 Knoblauchzehen
3 kleine Zweige Rosmarin
3 Lorbeerblätter
1 EL bunte Pfefferkörner
1 gehäufter TL Meersalz
3 EL Aceto balsamico
300 ml kalt gepresstes Olivenöl

1 Die Pilze putzen, trocken abreiben und größere halbieren oder vierteln bzw. klein schneiden. Knoblauch schälen und in dünne Scheiben schneiden. Rosmarin abbrausen. In einem Topf Knoblauch, Rosmarin, Lorbeer, Pfeffer und Meersalz mit Essig und 200 ml Wasser aufkochen. Die Pilze portionsweise in den Sud geben und bei mittlerer Hitze je 2–3 Min. kochen. Jede Portion mit einer Schaumkelle herausheben, abtropfen lassen und auf ein sauberes Küchentuch legen. Den Sud durch ein Sieb in einen kleinen Topf gießen, Knoblauch, Gewürze und Kräuter beiseitestellen.

2 Pilze, Knoblauch, Pfeffer, Lorbeer und Rosmarin auf saubere, heiß ausgespülte Gläser verteilen. Den Sud nochmals aufkochen, in die Gläser gießen und mit dem Öl auffüllen, bis die Pilze bedeckt sind. Die Gläser sofort verschließen und mindestens 2 Tage durchziehen lassen. Die Pilze halten sich ungeöffnet im Kühlschrank ca. 6 Wochen. Schmecken im Salat, zur Pasta oder als Antipasto.

GEDÖRRT & GEBACKEN

Für 4 Sturzeinmachgläser (à 250 ml) • 30 Min. Zubereitung • 35 Min. Backen • 1 Std. Abkühlen • Pro Glas ca. 845 kcal, 13 g E, 50 g F, 86 g KH

MARMORKUCHEN IM GLAS

FÜR GÄSTE

200 g weiche Butter
160 g Zucker
1 Prise Salz
4 Eier (M)
175 g Mehl
50 g Speisestärke
1 TL Backpulver
1½ EL Kakaopulver
2 EL Milch

AUSSERDEM

Öl und Semmelbrösel (nach Belieben) für die Gläser
Puderzucker zum Bestreuen

TAUSCH-TIPP

Die Kuchen im Glas schmecken auch nussig statt schokoladig: 100 g gemahlene Haselnüsse in einer Pfanne ohne Fett anrösten, abkühlen und mit ¼ TL Zimtpulver unter den hellen Teig (ohne Stärke und mit nur 125 g Mehl) heben. In die Gläser füllen und backen.

VORBEREITEN Die Sturzgläser sorgfältig mit Öl einpinseln, den Glasrand aussparen. Nach Belieben mit Semmelbröseln ausstreuen. Die Gummiringe zum Verschließen in kaltes Wasser legen. Den Backofen auf 180° vorheizen.

TEIG Die Butter mit 150 g Zucker und Salz mit den Rührbesen des Handrührgeräts in ca. 5 Min. dick-cremig rühren. Die Eier nacheinander dazugeben und je ca. 30 Sek. unterrühren. Das Mehl mit der Speisestärke und dem Backpulver mischen, auf die Mischung geben und zügig unterrühren.

Ein Drittel vom Teig abnehmen und in eine Schüssel geben. Kakao und übrigen Zucker (10 g) mischen und mit der Milch unter den Teig rühren. Die Hälfte des hellen Teigs in die Gläser füllen. Den dunklen Teig daraufgeben und zuletzt den übrigen hellen Teig einfüllen. Eine Gabel spiralförmig durch den Teig ziehen, sodass ein Marmormuster entsteht. Den Teig glatt streichen und im heißen Ofen (Mitte) ca. 35 Min. backen.

FERTIGSTELLEN Die Gläser mit Topflappen aus dem Ofen nehmen und ca. 5 Min. abkühlen lassen. Die angefeuchteten Gummiringe und die Glasdeckel auflegen und jedes Glas mit 3–4 Klammern verschließen. Die Kuchen komplett auskühlen lassen. An einem kühlen, dunklen Ort aufbewahren. Sie halten sich 3–4 Wochen. Die Kuchen mit einem Messer vom Glasrand lösen und aus den Gläsern stürzen. Mit Puderzucker bestreut servieren.

Für 900 g • 20 Min. Zubereitung • 25 Min. Backen • 30 Min. Abkühlen • Pro Portion (60 g) ca. 350 kcal, 8 g E, 26 g F, 20 g KH

HONIG-GRANOLA-MÜSLI

SCHMECKT KINDERN

400 g Nusskernmischung (z. B. Cashewkerne, Haselnüsse, Mandeln, Walnüsse)
70 g Sonnenblumenkerne
50 g ungeschälter Sesam
40 g Kokosraspel
150 g kernige Haferflocken
50 g natives Kokosöl
150 g flüssiger Honig
50 g Kakao-Nibs (aus dem Bioladen)

1 Den Backofen auf 180° vorheizen. Die Nusskernmischung grob hacken. Mit Sonnenblumenkernen, Sesam, Kokosraspeln und Haferflocken in eine Schüssel geben und vermischen.

2 Kokosöl und Honig in einem Topf bei kleiner Hitze erwärmen und unter Rühren flüssig werden lassen. Zur Flocken-Nuss-Mischung geben und alles mit einem Kochlöffel gründlich vermischen. Die Mischung auf einem mit Backpapier ausgelegten Blech gut verteilen. Im Ofen (unten) in 20–25 Min. goldbraun backen, dabei nach der Hälfte der Zeit wenden. Die Mischung darf nicht zu dunkel werden.

3 Das Blech aus dem Ofen nehmen und das Honig-Granola-Müsli darauf ca. 30 Min. abkühlen lassen. Die Kakao-Nibs untermischen. Die Mischung in eine Dose oder ein Glas umfüllen und an einem kühlen, dunklen Ort aufbewahren. Sie hält sich 4–6 Wochen. Schmeckt mit Milch, Joghurt oder Dickmilch und frischem Obst.

Für 16 Stück • 20 Min. Zubereitung • 20 Min. Quellen • 45 Min. Backen • 30 Min. Abkühlen • Pro Stück ca. 165 kcal, 6 g E, 10 g F, 12 g KH

MEHRKORN-KNÄCKEBROT

VOLLWERT

100 g kernige Haferflocken
80 g Weizenkleie
100 g Sonnenblumenkerne
50 g ungeschälter Sesam
50 g Leinsamen
30 g Mohnsamen
150 g Dinkelmehl (Type 630)
2 TL feines Meersalz
1 TL gemahlener Kümmel
4 EL Olivenöl

1 Haferflocken, Kleie, Sonnenblumenkerne, Sesam, Lein- und Mohnsamen mit Mehl, Meersalz und Kümmel in einer Schüssel gut mischen. Das Öl und 450 ml kaltes Wasser dazugeben und alle Zutaten mit den Rührbesen des Handrührgeräts zu einem glatten Teig verrühren. Zugedeckt ca. 20 Min. quellen lassen.

2 Den Backofen auf 180° vorheizen. Den Teig zwischen zwei Bögen Backpapier auf die Größe des Backbleches ausrollen. Auf ein Blech ziehen, das obere Backpapier entfernen und den Teig mit einer Gabel mehrmals einstechen. Im Ofen (Mitte) ca. 15 Min. backen.

3 Das Blech herausnehmen und die Temperatur auf 140° reduzieren. Den Teig in 16 Rechtecke (à 8 × 10 cm) schneiden und in ca. 30 Min. knusprig hellbraun backen. Auf einem Kuchengitter auskühlen lassen. Es hält sich locker verpackt an einem kühlen, trockenen Ort 2–3 Monate. Schmeckt mit süßem und herzhaftem Belag.

Für ca. 120 g • 30 Min. Zubereitung • 4 Std. Trocknen • 30 Min. Abkühlen • Pro Portion (20 g) ca. 35 kcal, 0 g E, 0 g F, 7 g KH

GETROCKNETE APFELRINGE

EINFACH

2 EL Zitronensaft
½ TL Salz
600 g Äpfel (z. B. Boskop, Elstar)

1 In einer Schüssel Zitronensaft und Salz mit 400 ml Wasser vermischen. Äpfel waschen, abtrocknen und das Kerngehäuse mit einem Apfelausstecher ausstechen. Äpfel auf dem Gemüsehobel in ca. 5 mm dicke Ringe schneiden und sofort in das Zitronenwasser legen. Ca. 5 Min. ziehen lassen, dann mit einer Schaumkelle herausheben, auf einem sauberen Küchentuch verteilen und trocken tupfen.

2 Den Backofen auf 100° vorheizen. Den Rost mit Backpapier belegen und die Apfelringe leicht überlappend darauf verteilen. Im Ofen (Mitte) 3–4 Std. trocknen lassen, bis sie weich und elastisch sind. Die Ofentür mit einem Kochlöffel einen Spaltbreit offen halten, damit die Feuchtigkeit entweichen kann. Apfelringe mehrmals wenden.

3 Die Apfelringe herausnehmen und auf dem Rost abkühlen lassen, dann in ein Schraubglas füllen. Kühl und trocken gelagert halten sie sich 3–4 Monate. Schmecken als Snack, im Müsli oder Dessert.

Für 20 Stück • 30 Min. Zubereitung • 5 Std. Trocknen • 1 Std. Abkühlen • Pro Stück ca. 30 kcal, 0 g E, 1 g F, 5 g KH

HIMBEER-KOKOS-FRUCHTLEDER

SCHMECKT KINDERN

300 g Himbeeren (frisch oder TK, aufgetaut)
200 g Rote Johannisbeeren
½ Bio-Zitrone
4 EL flüssiger Honig
¼ TL Ingwerpulver
2 EL Kokosraspel

1 Himbeeren verlesen, abbrausen und trocken tupfen. Johannisbeeren verlesen, waschen und abstreifen. Zitronenhälfte heiß waschen, abtrocknen und die Schale fein abreiben. Beeren und Honig in einem Standmixer fein pürieren und durch ein feines Sieb streichen. Das Püree mit Zitronenschale und Ingwer würzen.

2 Den Backofen auf 80° vorheizen. Das Beerenpüree dünn auf einem mit Backpapier belegten Blech verteilen und glatt streichen (ca. 36 × 30 cm). Mit den Kokosraspeln bestreuen. Im Ofen (Mitte) ca. 5 Std. trocknen lassen, die Ofentür mit einem Kochlöffel einen Spaltbreit offen halten, damit Feuchtigkeit entweichen kann.

3 Die Fruchtplatte abkühlen lassen. Mit einer Schere längs in ca. 3 cm breite Streifen schneiden und diese quer halbieren. Die Streifen (glatte Seite außen) aufrollen. Nach Belieben in Zellophan zu Bonbons einwickeln. Kühl und trocken gelagert halten sich ca. 6 Monate.

Für ca. 300 g • 30 Min. Zubereitung • 1 Std. Backen • 1 Std. Abkühlen • Pro Portion (25 g) ca. 80 kcal, 1 g E, 4 g F, 10 g KH

BUNTE GEMÜSE-CHIPS

FÜR GÄSTE

1 Süßkartoffel (ca. 300 g)
2 Pastinaken (ca. 300 g)
2 kleine Rote Beten (ca. 300 g)
2 Möhren (ca. 200 g)
2 ½ TL feines Meersalz
4½ EL Olivenöl

1 Süßkartoffel, Pastinaken, Rote Beten und Möhren putzen, schälen und mit einem Gemüsehobel in ca. 2 mm dünne Scheiben hobeln. Die Gemüsescheiben mit 1 TL Meersalz bestreuen.

2 Den Backofen auf 180° vorheizen. Gemüsescheiben in drei Portionen nacheinander mit je 1½ EL Öl und ½ TL Salz in einer Schüssel mischen. Dann nebeneinander auf zwei mit Backpapier belegte Bleche legen, die Scheiben dürfen sich nur leicht überlappen. Die Bleche in den Ofen (Mitte und 2. Schiene von unten) schieben und die Gemüsescheiben 50–60 Min. backen. Einen Kochlöffel in die Ofentür klemmen, damit Feuchtigkeit entweichen kann. Gemüsescheiben nach der Hälfte der Backzeit wenden und die Bleche tauschen.

3 Die Bleche aus dem Ofen nehmen und die Chips abkühlen lassen. Luftdicht aufbewahrt halten sie sich 2–3 Wochen. Passen als Snack zum Wein oder als Topping auf Suppen oder Salate.

*Für 300 g • 20 Min. Zubereitung • 10 Min. Backen • 1 Std. Abkühlen •
Pro Portion (30 g) ca. 200 kcal, 5 g E, 16 g F, 6 g KH*

GERÖSTETE ASIA-NÜSSE

SCHARF

1 Bio-Limette
1 Eiweiß (M)
1 EL flüssiger Honig
300 g Nusskernmischung (z. B. Mandeln, Walnüsse, Haselnüsse, Cashewkerne)
2 TL Currypulver
1 TL feines Meersalz
½ TL Chiliflocken

1 Den Backofen auf 180° vorheizen. Die Limette heiß waschen und abtrocknen, mit dem Sparschäler 2 Streifen Schale abziehen und klein würfeln. Eiweiß und Honig in einer Schüssel mit einer Gabel leicht verschlagen. Die Nusskerne dazugeben und in der Eiweißmischung wenden, bis alle Nüsse gleichmäßig damit überzogen sind.

2 Limettenschale, Curry, Salz und Chiliflocken daraufstreuen, alles gut vermengen und auf einem mit Backpapier belegten Blech verteilen. Im heißen Ofen (Mitte) 8–10 Min. backen, dabei die Nüsse nach 4–5 Min. wenden, damit sie nicht festkleben oder zu dunkel werden.

3 Das Blech aus dem Ofen nehmen und die Nüsse darauf abkühlen lassen. In einem Schraubglas luftdicht verpackt und kühl aufbewahren. Sie halten sich 2–3 Wochen. Die Asia-Nüsse passen zu Reis-, Couscous- und Linsengerichten, über Bowls, Salate und Suppen gestreut. Schmecken aber auch als kleine Knabberei zwischendurch.

REGISTER

Vegane Rezepte, die im Buch mit einem 🌢 gekennzeichnet sind, sind hier grün abgesetzt.

Abkürzungsverzeichnis:
E = Eiweiß
EL = Esslöffel (gestrichen)
F = Fett
kcal = Kilokalorien
KH = Kohlenhydrate
Msp. = Messerspitze
Pck. = Päckchen
TK = Tiefkühl
TL = Teelöffel (gestrichen)
Ø = Durchmesser

GU ist eine eingetragene Marke der GRÄFE UND UNZER VERLAG GmbH, www.gu.de

ISBN 978-3-8338-7831-2
3. Auflage 2022

Projektleitung: Sabine Sälzer
Lektorat: Katharina Lisson
Korrektorat: Anne-Sophie Zähringer
Gesamtgestaltung: independent MedienDesign, Horst Moser (Artdirection), München
Herstellung: Gloria Schlayer
Satz: Kösel, Krugzell
Reproduktion: Medienprinzen GmbH, München
Druck und Bindung: Firmengruppe APPL, aprinta druck, Wemding

Printed in Germany

www.facebook.com/gu.verlag

GRÄFE UND UNZER

Ein Unternehmen der GANSKE VERLAGSGRUPPE

Umwelthinweis:
Dieses Buch ist auf PEFC-zertifiziertem Papier aus nachhaltiger Waldwirtschaft gedruckt.

Syndication: www.seasons.agency

DIE AUTORIN

Martina Kittler ist Oecotrophologin und Autorin zahlreicher Kochbücher. Sie versteht es, Genuss und gesunde Ernährung in alltagstaugliche, unkomplizierte Rezepte zu packen. Mit diesem Buch möchte sie zum Selbermachen von herzhaften und süßen Schätzen inspirieren und zeigen, wie alles sicher gelingt.

DER FOTOGRAF

Klaus Arras, Food-Fotograf in Köln, liegt die natürliche Atmosphäre bei seinen Aufnahmen besonders am Herzen. Für dieses Buch hat er Katja Briol (Foodstyling) in sein Team geholt. www.klausarras.de.

BILDNACHWEIS

Klaus Arras: S. 06–59 und Stepfotos auf den Klappen
AUEN60 Photography (Julia Schärdel & Ines Häberlein): S. 01, 05 und Stillleben auf den Klappen
Autorenfoto: Michael Kremer
Coverfoto: Silvio Knezevic

QUALITÄTS G|U GARANTIE

LIEBE LESERINNEN UND LESER,

wir wollen Ihnen mit diesem Buch Informationen und Anregungen geben, um Ihnen das Leben zu erleichtern oder Sie zu inspirieren, Neues auszuprobieren. Wir achten bei der Erstellung unserer Bücher auf Aktualität und stellen höchste Ansprüche an Inhalt und Gestaltung. Alle Anleitungen und Rezepte werden von unseren Autoren, jeweils Experten auf ihren Gebieten, gewissenhaft erstellt und von unseren Redakteur*innen mit größter Sorgfalt ausgewählt und geprüft.

Haben wir Ihre Erwartungen erfüllt? Sind Sie mit diesem Buch und seinen Inhalten zufrieden? Wir freuen uns auf Ihre Rückmeldung. Und wir freuen uns, wenn Sie diesen Titel weiterempfehlen, in Ihrem Freundeskreis oder bei Ihrem Online-Kauf.

Sollten wir Ihre Erwartungen so gar nicht erfüllt haben, tauschen wir Ihnen Ihr Buch jederzeit gegen ein gleichwertiges zum gleichen oder ähnlichen Thema um.

KONTAKT ZUM LESERSERVICE

GRÄFE UND UNZER VERLAG
Grillparzerstraße 12
81675 München
www.gu.de

APPETIT AUF MEHR?

ISBN 978-3-8338-7296-9

ISBN 978-3-8338-7338-6

ISBN 978-3-8338-7832-9

ISBN 978-3-8338-7301-0

ISBN 978-3-8338-7367-6

ISBN 978-3-8338-7814-5

e Auch als eBook erhältlich.

G|U

Mehr von GU auf **www.gu.de** und **facebook.com/gu.verlag**

DIE »GU KOCHEN PLUS«-APP

1 APP HERUNTERLADEN

Laden Sie die kostenlose »GU Kochen Plus«-App im Apple App Store oder im Google Play Store auf Ihr Smartphone. Starten Sie die App und wählen Sie Ihren Küchenratgeber aus.

2 REZEPTBILD SCANNEN

Scannen Sie das gewünschte Rezeptbild mit der Kamera Ihres Smartphones. Klicken Sie im Display die Funktion Ihrer Wahl.

3 FUNKTIONEN NUTZEN

Sammeln Sie Ihre Lieblingsrezepte. Speichern und verschicken Sie Ihre Einkaufslisten. Oder nutzen Sie den praktischen Supermarkt-Finder und den Rezept-Planer.